1924 **Sixième cahier.**

CAHIERS
DE LA
SOCIÉTÉ DE GÉOGRAPHIE
DE HANOI

JAVA

PAR

A. NORMANDIN
Ingenieur en chef des Travaux Publics.

HANOI

M.CM.XXIV

JAVA (1)

Lorsque nous avons fait quatre ou cinq fois le voyage de France en Indochine par la voie maritime ordinaire, nous en sommes généralement saturés. Les escales perdent de leur intérêt : telle qui nous avait empoignés à la première vision nous paraît maintenant insipide. On en arrive à souhaiter de nouvelles étapes sur la longue route de Marseille à Saigon : on s'accommoderait à la rigueur d'un accostage à Sokotora ou à Périm qui permettrait de voir du nouveau. Certains d'entre nous échafaudent même des beaux projets de retour en France par des voies moins fréquentées : autrefois le Transibérien, aujourd'hui l'Amérique. Mais bien peu ont assez de courage, de temps ou d'économies pour quitter le spardeck des paquebots des Messageries maritimes, une fois qu'ils y ont mis le pied pour rentrer en France ou revenir dans la Colonie.

Et pourtant nous passons, à bord de ces paquebots, au voisinage de pays dont la visite serait bien facile, alors que, rentrés pour toujours en France, nous considérons qu'il faudrait être plusieurs fois millionnaire pour s'offrir une excursion au Caire, et presque milliardaire pour pousser jusqu'à Delhi et Benarès.

L'un des moins connus de ces pays, mais l'un des plus accueillants aux touristes, l'un des plus curieux, même pour les voyageurs que pousse l'amour exclusif de l'art, le plus riche, le plus beau que je connaisse, c'est une petite île des confins de l'Océan Indien et du Pacifique, c'est Java.

Car c'est en réalité une très petite chose que cette possession hollandaise du groupe des iles de la Sonde, petite par rapport à ses énormes voisines, Sumatra, Bornéo et Nouvelle Guinée, petite par rapport à la France comme la carte vous le montre, et c'est pourtant le support d'une formidable richesse agricole et d'un développement économique comparable à celui des pays d'Europe les plus civilisés.

La superficie de Java avec son prolongement naturel, l'île de Madoura, est à peine du quart de celle de la France et néanmoins le chiffre de la population est presque égal à celui de notre pays : 36 millions environ, soit une densité de 275 habitants au km^2, supérieure à celle de tous les pays d'Europe y compris la Belgique.

(1) Conférence publiée dans le Moniteur d'Indochine nos 287 et 288.

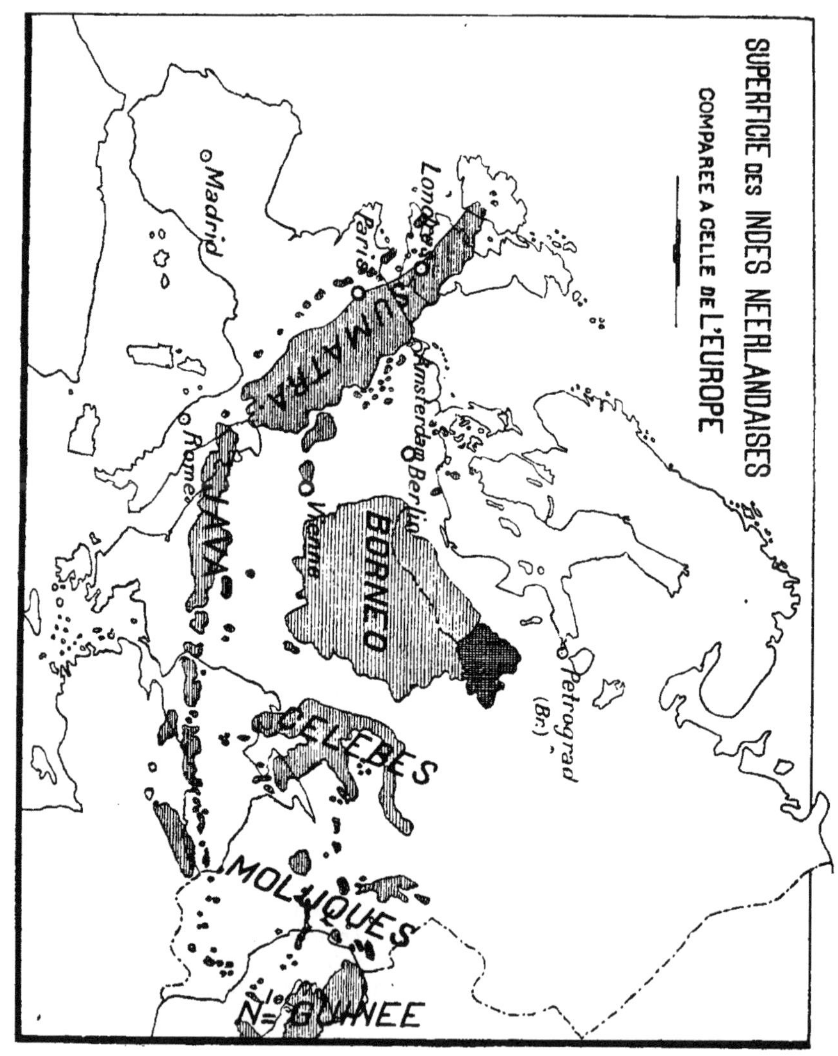
SUPERFICIE DES INDES NEERLANDAISES
COMPAREE A CELLE DE L'EUROPE
Londres
Paris
Madrid
Amsterdam
Berlin
Rome
Vienne
Petrograd
(Br.)
SUMATRA
JAVA
BORNEO
CELEBES
MOLUQUES
Nle GUINEE

Cette énorme population s'est accrue et continue à s'accroître très vite. A la fin de 18e siècle elle n'était que de 2 millions, il y a 40 ans, 23 millions. Elle est d'ailleurs très à l'aise sur sa petite île, et y vit dans des conditions d'existence qu'envieraient les Annamites, les Chinois et les Hindous.

Pour s'en convaincre, il n'est que de parcourir la campagne javanaise pendant quelques jours : partout l'on est frappé par la propreté des villages, l'aspect agréable des maisons légèrement surélevées, au toit pointu et construites surtout en bambou tressé, au milieu de riants jardins et de plantes tropicales. Cela rappelle les paysages de certain des beaux coins de la Cochinchine, Thudaumot ou Sadec, mais combien égayés par les couleurs vives des vêtements des indigènes : hommes et femmes rivalisent presque de coquetterie dans le choix des sarongs dont ils s'habillent, cotonnades rayées de la plus grande fantaisie et d'une extrême variété de couleur ; au moment de la récolte du paddy, où presque toute la population est dans les champs, c'est un véritable enchantement pour l'œil que la gamme infinie des petits corsages des femmes javanaises se détachant sur l'or des rizières mûres, et le souvenir de ce spectacle rend encore plus triste et plus monotone, à ceux qui ont eu la joie de la goûter, le lamentable cunao de nos nhaqués tonkinois.

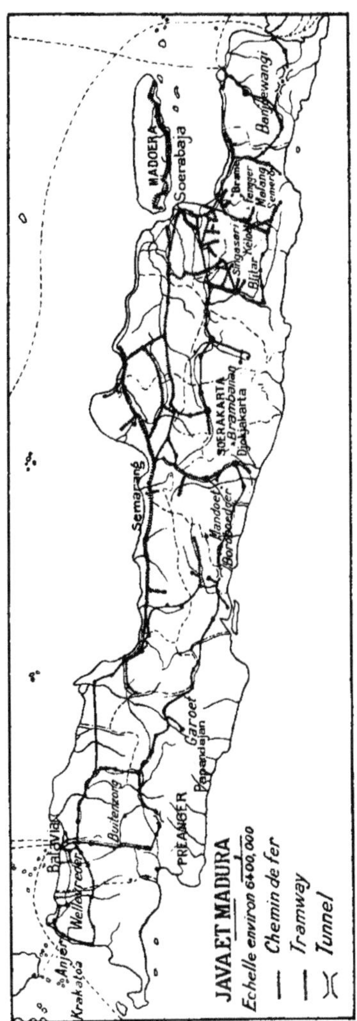

Cette population appartient à la grande famille malaise qui, sous différents noms a essaimé dans tout l'océan Indien, depuis le Sud africain et Madagascar jusqu'au voisinage du Siam et s'est étendue jusqu'aux Philippines. La taille plutôt petite, la peau rouge brun parfois olivâtre, les lèvres grosses, les narines très larges, bien que le nez soit assez petit, les attaches très fines : physiquement les Malais ressemblent surtout aux Cambodgiens. Ils sont sociables, bienveillants et polis, mais d'une extrême insouciance et sans aucune initiative, ce qui explique la facilité avec laquelle ils ont toujours accueilli, sans la moindre résistance les influences étrangères : jadis convertis au bouddhisme et au brahmanisme par quelques missionnaires hindous, ils ont par la suite accepté avec la même facilité les croyances nouvelles que leur ont apportées au 15e siècle les marchands arabes et se sont convertis en masse à l'islamisme, qu'ils pratiquent d'ailleurs de manière beaucoup moins farouche que les Arabes ou les musulmans de l'Inde. Depuis le début du 17e siècle, les Hollandais les dirigent sans grosses difficultés et actuellement il suffit d'une armée de mercenaires de 8.000 hommes pour assurer l'ordre et la tranquillité dans cette énorme population.

L'insouciance extrême du caractère est d'ailleurs justifiée par la facilité de la vie en ces régions : sans doute l'île est soumise plus que toute autre au monde à l'influence volcanique qui y a déclenché de terribles cataclysmes, éruptions ou tremblements de terre, mais à intervalles assez éloignés pour que la population ait le temps d'en perdre le souvenir ; hors ce danger, la nature est d'une clémence remarquable : typhons et inondations sont inconnus ; la température, presque égale du début à la fin de l'année, n'est un peu pénible que pendant quelques semaines en certains points de la côte ; l'île étant très montagneuse, on trouve des climats délicieux dès qu'on s'éloigne de la côte ; le soleil est moins mauvais qu'à Saigon ou à Hanoi : c'est ainsi que le port du casque par les Européens est beaucoup moins répandu qu'ici : personnellement je me suis souvent promené en plein midi au soleil avec un simple chapeau de paille sans être le moins du monde incommodé ; enfin les épidémies, surtout celles relatives au tube digestif, et la dysenterie en particulier, sont rares ; le choléra qui règnait autrefois en permanence, surtout à Batavia, a presque complètement disparu.

L'activité volcanique donne au plus haut degré son empreinte à l'île ; il est peu de contrées où cette action se montre plus prépondérante. On a même cru longtemps que l'île de Java n'était qu'un amas de produits volcaniques modernes : en fait on y a trouvé des terrains anciens mais ne remontant pas au delà du crétacé et il semble bien que Java a été formée par la réunion d'une chaine d'ilôts dont les intervalles ont été comblés par les matières rejetées par les valcans. Sur une plaine basse de tertiaire et d'alluvions s'élèvent les nombreux cônes actifs de l'île : environ une cinquantaine dont 14 dépassent l'altitude de 3.000m

La caractéristique des volcans de Java est de n'émettre pour ainsi dire pas de matières en fusion ; ce n'est que tout récemment en 1885 que le plus haut de tous, le Smeroe (très semblable au pic Teneriffe) a eu une coulée de lave : les cônes sont tous des cônes de débris d'une hauteur parfois considérable, dans lesquels l'érosion s'en donne à cœur joie, en taillant de profondes ravines comme celles que l'on voit sur les cratères secondaires du Tengger aussi bien à l'extérieur qu'à l'intérieur et qui donnent à ces cratères le caractère étrange d'un melon ou d'une pâtisserie.

Smeroe.

Le Tengger, voisin du Smeroe, mérite qu'on en dise quelques mots.

C'est le volcan qui a, je crois, le plus large cratère du monde. Il s'élevait autrefois probablement aussi haut que le Smeroe vers 3.700^{m}, mais toute la partie supérieure a disparu à la suite peut-être d'une l'explosiou formidable, et il n'en reste plus que les parois extérieures formant une énorme enceinte d'environ 25 kilomètres de circonférence et d'une hauteur maxi-

Bromo, Batok, Widobaren et Smeroe. — Types de cônes volcaniques récents avec commencement de dissection par les barrancos.

Intérieur du cratère du Bromo. — Ravinement des parois par des barrancos dus aux avalanches sèches : Fumerolles.

mum de 2.700 mètres. Ces parois s'élèvent par endroits à 500 mètres au-dessus de ce qui fut jadis le cratère et qui est maintenant une vaste plaine de sable d'où émergent plusieurs cratères secondaires: le Batok tout côtelé, le Widodaren, le Bromo toujours en activité, toujours fumant, toujours grondant et dont le cône de cendres offre un aspect de désolation extraordinaire. Ce nom de Bromo n'est autre que celui de Brahma. Les derniers Javanais qui professaient la religion brahmanique se sont réfugiés en effet sur les pentes du mont Tengger et leurs descendants célèbrent encore des fêtes en l'honneur du dieu au mois de Mai : le grand prêtre monte au bord du cratère et jette des offrandes de riz au Dieu Brahma.

Un des volcans de Java que l'on peut visiter assez facilement et sans danger est le Papandajan, près de Garoet : les parois du cratère se sont effondrées en partie et ce qui en reste forme un grand cirque dans lequel on peut voir, en activité permanente, presque tous les appareils des laboratoires volcaniques : marais sulfureux dont les fumées déterminent de la toux ou des éternuements à n'en plus finir, cônes boueux, sources chaudes, jets de vapeurs, etc... Le nom du volcan qui signifie « la Forge », donne assez bien l'idée de ce spectacle bizarre.

On ne peut pas exposer le volcanisme de Java, sans dire quelques mots du célèbre Krakatoa dont vous avez tous entendu parler.

Ce volcan situé dans une petite île du détroit de la Sonde est resté inactif pendant deux siècles de 1680 à 1883, mais le réveil a été terrible. Après 3 mois de grondements et de détonations, le volcan s'est exaspéré en août 1883, et a finalement fait explosion, en modifiant en quelques heures la géographie du détroit de la Sonde : les 2/3 de l'île de Krakatoa ont disparu, tandis que l'îlot voisin de Verlaten augmentait considérablement de superficie.

Vous savez que lorsqu'on lance une pierre dans l'eau, elle détermine une série de rides ou d'ondes à la surface : le Krakatoa a, lui aussi, lancé dans la mer une pierre, mais une pierre qui avait 6 kms de long sur 4 kms de large et plusieurs centaines de mètres de hauteur. Les vagues déterminées par ce joli morceau ont atteint une hauteur gigantesque : 30 à 35m pour les premières. Elles ont déterminé sur les côtes voisines de Java un effroyable raz de marée qui a coûté la vie à près de 40.000 personnes. Puis elles se sont propagées dans tous les océans et ont fait à peu près le tour du globe, à une vitesse, variable avec la profondeur des mers, et voisine de la vitesse du son dans l'air. A l'île de la Réunion et au Sud de l'Afrique les ondes déterminées par l'explosion avaient encore 1 m 50 de hauteur. Sur nos côtes même, le marégraphe de Rochefort a enregistré des ondes beaucoup plus amorties mais encore sensibles.

La quantité des cendres projetées par le volcan dépasse également toute imagination : à 1.200 Kms dans l'Océan indien elles poudroyaient encore les eaux, et il y en eut de transportées jusqu'à Madagascar. Pendant des mois, des masses flottantes de ponces ont obstrué les baies voisines du détroit de la Sonde, et quelqu'un m'a dit avoir vu encore une couche de cendres de plusieurs centimètres à la surface de la mer deux ans après le cataclysme.

En raison de son origine presque entièrement volcanique, le sol est d'une fertilité prodigieuse. La végétation dépasse en beauté tout ce qu'on peut imaginer : même Ceylan, qui frappe tant les voyageurs venant en Extrême-Orient pour la première fois, ferait pauvre figure à côté de Java.

L'exubérance de la forêt et de la brousse qui couvrent les flancs de beaucoup de volcans jusqu'au cratère est vraiment admirable : on épuiserait la gamme des qualificatifs et des superlatifs à essayer de dépeindre le spectacle de cette végétation tropicale qui est un véritable bouillonnement de séve.

L'homme tire de cette terre ce qu'il veut. Jusqu'à plus de 2.000 mètres d'altitude, on peut cultiver et on cultive effectivement l'arbre à thé qui est devenu une des richesses du pays, l'exportation du thé dépassant 20.000 tonnes par an, et l'arbre à quinquina dont Java détient pour ainsi dire le monopole, puisqu'elle fournit 92 °/o de la production mondiale. Ce n'est pas un des moindres étonnements du touriste de voir dans la résidence des Préangers des montagnes dominant la plaine de 1000 m et ratissées et soigneusement entretenues jusqu'au sommet. Dans la région moyenne entre 400 et 1000 m poussent l'arbre à coca, le café dans l'Est de l'île, le tabac, surtout l'hévea qui a pris la place du café en maints endroits et qui est maintenant une des principales cultures : 160.000 hectares sont plantés en caoutchoucs et fournissent à l'exportation de 30 à 35.000 tonnes par an, soit 8 à 10 fois plus que la Cochinchine.

Enfin dans les plaines basses on trouve toutes sortes de cultures tropicales dont les principales sont le riz, le maïs, le cocotier et la canne à sucre.

Le riz, est comme dans tout l'Extrême-Orient, la base de l'alimentation des indigènes et c'est naturellement sa culture qui occupe la plus grande superficie. La production locale est très élevée : elle a dépassé en 1922 six millions de tonnes, supérieure à celle de l'Indochine tout entière ; mais, étant donné la densité de la population, cette production est encore insuffisante et Java doit importer près de 600.000 tonnes de riz venant de Cochinchine, du Siam et de Birmanie. Avant la guerre, elle exportait vers l'Europe une petite quantité, quelques dizaines de milliers de tonnes, de riz de qualité supérieure, sélectionnés surtout par des Chinois dans la région d'Indramajoe ; mais la sortie du riz ayant été prohibée pendant la guerre, ces sélections ont été négligées et les grains n'ont pas tardé à dégénérer ; la suppression récente des mesures restrictives à la sortie du riz va probablement faciliter la reprise de l'étude des qualités supérieures.

Le rendement des rizières de Java est supérieur à celui des rizières d'Indochine et même de Cochinchine en raison de la grande fertilité du sol et de l'abondance des systèmes d'irrigation : les 2/3 des rizières sont en effet pourvues de systèmes d'arrosage réguliers établis, dans la montagne, par les indigènes, dans la partie basse par le Gouvernement hollandais. Dans les grands réseaux d'irrigation la distribution de l'eau est réglementée avec une minutie extrême, de manière à tirer le plus grand profit possible du débit disponible. Les eaux, qui ont dissous bon nombre de matières volcaniques sont généralement très riches en matières fertilisantes et suppléent au manque complet d'engrais ou de fumier. La récolte du paddy se fait d'une manière assez amusante : les tiges sont coupées une à une avec un couteau de dix centimètres de longueur. à 25 cm. environ du sommet : vous pensez si l'opération est lente, mais la population qui s'y consacre est tellement nombreuse que la récolte arrive à se faire dans des délais normaux. La moisson à laquelle j'ai assisté m'a laissé l'impression d'une partie de plaisir, et d'une cueillette de bouquets bien plutôt que de la rude besogne qu'elle constitue dans tous les autres pays. Le Gouvernement a fait venir à Java des moissonneurs habiles de Sumatra pour apprendre aux indigènes l'emploi de la faucille mais la force de l'habitude est si grande que cette mesure n'a pas donné de résultats appréciables.

La culture du cocotier est une des plus anciennes de l'île et elle s'est beaucoup développée depuis que les capitalistes européens s'y sont intéressés à leur tour pour la production du coprah et de l'huile de coco. Mais la crise mondiale de 1920-1921 l'a durement éprouvée et de nombreuses affaires montées avec un outillage remarquable (l'une était au capital de 40 millions de florins, soit 80 millions de francs-or) ont dû s'arrêter.

De toutes les productions agricoles de l'île, aucune n'a plus contribué à son enrichissement que celle de la canne à sucre. Java est le plus grand producteur de sucre de l'Extrême-Orient et a exporté jusqu'à 2 millions de tonnes par an vers l'Angleterre, les Indes anglaises, Hong-kong et le Japon. La crise mondiale de 1920-1921 a eu aussi sa répercution sur cette production, mais dans des proportions beaucoup plus réduites que pour les autres produits. La culture de la canne a été introduite sur le Gouvernement hollandais. Elle a fait et continue à faire l'objet de multiples études de laboratoires et de nombreuse expériences dans des stations d'essais agricoles, chimiques ou industriels ; car il s'agit ici d'une véritable culture industrielle, avec l'usine à côté de la plantation. La sélection des boutures a été faite avec un souci extrême d'obtenir le rendement maximum en sucre, et cette sélection a porté sur plusieurs milliers d'espèces dont 2 ou 3 seulement ont été retenues

Lorsque j'ai visité Java il y a une douzaine d'années, il y avait environ 180 grosses affaires de sucre, représentant chacune plusieurs millions de capital d'établissement, et donnant toutes des dividendes de 50 à 70 %. On conçoit que, en présence de pareils résultats, l'initiative privée ait eu le désir de créer de nouvelles entreprises ; mais elle s'est heurtée à l'opposition du Gouvernement hollandais.

Cette opposition peut sembler paradoxale à première vue, mais elle s'explique parfaitement En effet la culture de la canne épuise très vite le sol et ne peut être pratiquée sur les mêmes terrains que tous les trois ans. D'autre part il y a compétition très vive entre les propriétaires des plantations de canne et les indigènes pour la répartition du faible débit d'eau disponible dans les réseaux d'irrigation à la saison sèche : la canne à sucre a besoin d'arrosages réguliers et les indigènes ne peuvent non plus faire de cultures alimentaires en saison sèche sans irrigation. Enfin le Gouvernement hollandais tient à réserver la plus grande partie des plaines basses à la culture de riz pour assurer à peu près, sur les propres ressources de l'île, les besoins en riz de la population indigène et ne pas dépendre de l'étranger au point de vue alimentaire ce qui est une politique extrêmement sage. C'est pourquoi, dans plusieurs régions, il a fixé un pourcentage maximum des terrains susceptibles d'être ensemencés en canne.

En fait la superficie cultivée en sucre n'augmente donc que lentement. D'ailleurs il semble que la marge de bénéfice ne soit plus à l'heure actuelle ce qu'elle était il y a 12 ans, par suite de l'élévation constante des frais de culture et des exigences croissantes des propriétaires indigènes qui louent leurs terres aux planteurs de canne.

La mise en valeur de la richesse agricole de l'île a été singulièrement facilitée par de nombreuses stations d'essais, parfaitement organisées. En dehors de celles pour la culture de la canne à sucre, il en existe plusieurs pour le thé, le café, le caoutchouc, le tabac et l'arbre à quinquina. La plus célèbre et la plus importante de toutes est à Buitenzorg à une cinquantaine de kms.de Batavia, où l'on poursuit des essais sur le thé, le caoutchouc, la sylviculture, l'agriculture générale et les cultures alimentaires indigènes. Buitenzorg mériterait à lui seul une conférence particulière, c'est un centre de recherches scientifiques presque unique au monde, où l'on étudie la sélection des graines et des plants, les maladies des plantes, la vie des microbes du sol ; c'est en même temps un émerveillement pour le touriste qui parcourt les allées de son magnifique jardin botanique, très supérieur à ceux de Ceylan ou de Singapore.

En dehors de ces institutions officielles, il existe des organisme privés, créés par les associations de planteurs, notamment pour l'étude des questions relatives à la canne à sucre.

L'activité agricole est telle qu'elle permet à la nombreuse population de l'île de travailler quand elle en a envie et qu'il n'y a aucune menace de surpopulation ou de chômage, malgré l'augmentation constante des habitants. Certains planteurs de l'extérieur ou des régions élevées ont même du mal à retenir la main d'œuvre chez eux, bien qu'ils s'efforcent de lui procurer tout le bien être désirable et même des distractions : c'est ainsi que de nombreux planteurs ont installé chez eux des cinémas dont les Javanais, comme toutes les populations primitives, sont extrêmement friands. Lorsque j'étais en Java en 1912, la maison Pathé de Batavia réalisait de gros bénéfices par la seule location de films à des installations de ce genre.

On est donc maintenant très loin du système des cultures forcées, véritable esclavage auquel ont été longtemps astreints les habitants de l'île par le Gouvernement Hollandais et que l'on a tant rapproché à ce dernier.

En vertu de ce système, introduit vers 1833 par le Gouverneur général Van den Bosch et copié en grande partie sur les pratiques du monopole des tabacs aux Philippines, chaque région agricole était placée sous la direction d'un contrôleur qui délimitait un cinquième du sol, réservé au Gouvernement ou à ses concessionnaires pour y introduire à son choix des cultures industrielles. Ce contrôleur s'attribuait en outre un jour de labeur de toute la population. A la fin de l'année, le Gouvernement se faisait livrer par les producteurs les diverses denrées d'exploitation café, sucre, indigo, thé, cannelle ou poivre, à un prix fixé à l'avance, après déduction des 2/5 pour l'impôt, et d'une somme fixe pour le transport. Le prix fixé était d'ailleurs bien au-dessous du cours réel ; de ce fait les paysans javanais ont été frustrés d'après les statistiques officielles de sommes qui s'élèvent à 2 milliards, dont la plus grande partie provient de la culture du café

Ce système, qui a été violemment combattu au point de vue politique et économique, a été abandonné peu à peu à partir de 1870 et supprimé complètement, pour la dernière des cultures forcées, celle du café, au début du siècle. La loi agraire de 1870 a rendu la liberté à la culture, a permis aux Européens de prendre à bail emphytéotique les terres incultes pour une durée de 75 ans et a garanti aux indigènes le droit de propriété sur les terres qu'ils auront défrichées et cultivées. Sous ce nouveau régime la colonisation européenne est devenue possible, l'Etat cédant la place aux entreprises privées et Java s'est transformé en un pays de colonisation : il y a maintenant 120.000 Européens le double d'il y a 20 ans, le quadruple d'il y a 40 ans.

Java n'est qu'une très petite partie de l'ensemble des possessions hollandaises désignées sous le nom d'Indes Hollandaises, dont la superficie totale est 15 fois plus grande mais dont la population totale n'est que le 1/3 et l'importance agricole le 1/10 de celle de Java. En dehors de Sumatra, qui produit du caoutchouc, du coprah et du tabac, les autres îles sont à peine mises en valeur et n'ont d'intérêt réel à l'heure actuelle que par leurs produits miniers : les deux petites îles de Banka et Billington qui se trouvent sur le trajet de Singapore à Batavia sont un très gros centre d'extraction d'étain : près de 30.000 tonnes par an ; Bornéo et Sumatra fournissent des produits pétrolifères, environ 2 millions 1/2 de tonnes, contrôlés par le Royal Dutch, des métaux précieux pour une valeur annuelle d'environ 15 millions de francs-or et enfin du charbon, environ 900.000 tonnes par an, c'est-à-dire moins que la seule production de Hongay au Tonkin.

Le gouvernement des Indes Hollandaises est confié à un Gouverneur général résidant généralement à Buitenzorg, mandataire du roi de Hollande, qui dispose de pouvoirs très étendus en matière législative et exécutive. Il est assisté d'un conseil formé par les Directeurs des principales branches de l'administration civile. L'île de Java est divisée en 22 provinces à la tête desquelles sont placés des fonctionnaires hollandais aussi omnipotents dans leurs provinces que le Gouverneur général dans la Colonie. Mais—et c'est là la caractérisque du système colonial des Hollandais — ces chefs de provinces ou résidents, qui sont les véritables moteurs de la machine administrative, sont dissimulés par des rouages de pure parade. Chaque résidence comprend une ou plusieurs régences à la tête de laquelle est un fonctionnaire indigène appartenant aux plus hautes familles du pays et souvent même de naissance princière. Les indigènes sont soumis au régent, leur chef naturel; quant au résident, seul détenteur du pouvoir, il ne fait rien que par l'intermédiaire du régent à qui il adresse ses ordres sous forme de « recommandations ». Le régent, qui n'a que le semblant du pouvoir, en a, en revanche, toutes les marques extérieures qui peuvent éblouir la Foule ; il y a quelques années il était mieux payé que le résident lui-même, et avait un droit de préséance supérieur à celui de tous les fonctionnaires européens autres que le résident.

Les langues indigènes sont employées pour toutes les relations entre Européens et indigènes et leur connaissance est obligatoire pour tous les fonctionnaires. A Java comme en Indochine cette question est compliquée par l'existence de plusieurs races possédant chacune leur langage propre : à l'ouest les Soundanais, au centre les Javanais, à l'Est les Madoerais. Chacune de ces langues, et en particulier le javanais, est assez difficile et compte d'ailleurs deux dialectes très différents : le haut et le bas langage que l'on parle suivant le rang de la personne à laquelle on s'adresse. Les fonctionnaires hollandais doivent parler au moins une des langues soundanaise, javanaise ou madoeraise, et en outre, la langue passe-partout : le malais qui, elle, est extrêmement facile : les Français, en particulier, s'y font comprendre très vite et très bien les sons étant presque exactement les mêmes en français et en malais ; en une quinzaine de jours, un touriste arrive à se débrouiller à peu près dans toute l'île.

Ce n'est d'ailleurs pas la seule facilité qu'offre Java aux touristes étrangers: on trouve dans toutes les villes des hôtels très confortables, dans tous les centres d'excursion des bungalows très acceptables. Le réseau des chemins de fer qui appartient presque en entier à l'Etat est suffisamment développé et assure des services d'express à une vitesse commerciale de 50 kms à l'heure avec un matériel très confortable, bien que la largeur de voie ne soit que de 1 m. 07. Les tracés sont assez faciles, sauf dans la Résidence des Préangers où les lignes dépassent l'altitude de 1.000 m. et où les travaux d'art sont extrêmement nombreux, rappelant certaines sections de la ligne du Yunnan.

Le réseau des routes, bien qu'inférieur à celui de la Cochinchine, est extrêmement serré et en bon état et il y règne une animation intense ; il a été en grande partie établi pendant la courte période de 3 ans que Java a été rattachée à l'empire de Napoléon. Car — c'est un fait que l'on ignore généralement — Java a été sous la domination française à l'époque où la Hollande a été rattachée à la France. L'île a été gouvernée de 1808 à 1811 au nom de Louis Napoléon, roi de Hollande, par le maréchal Daendels. Cet homme a laissé dans la population javanaise un terrible souvenir et encore aujourd'hui on le désigne dans l'île sous le nom de « maréchal de fer » ou de « Maître du Grand Tonnerre ». En deux ans il fit construire par les corvéables des villages la route de 1.300 kms de long qui traverse Java d'Est en Ouest, *d'Andjer* à *Banjoewangi*. Lorsqu'un village n'avait pas terminé le travail dans le délai fixé, le maréchal y envoyait un sergent et quatre soldats avec ordre de s'emparer des chefs indigènes et de les pendre : avec ce système les routes s'achevaient comme par enchantement. Ce régime n'a d'ailleurspas duré bien longtemps, car Daendels fut soupçonné par Napoléon de vouloir créer un empire de Java à son profit et fut rappelé en Europe. Peu de temps après son départ les Anglais s'emparèrent de Java. Ils le conservèrent jusqu'en 1816 et, au mépris de toutes leurs traditions, le rendirent alors à la Hollande : c'est à mon avis ce qu'il y a de plus surprenant dans l'histoire de Java.

L'œuvre de Daendels pour les routes, comme celle de Vanden Bosch pour les cultures forcées, ont été violemment critiquées et pourtant il faut bien reconnaître qu'elles ont puissamment contribué au développement de Java : si l'on n'avait eu recours qu'au travail libre, les voies de communication seraient restées longtemps à l'état embryonnaire et les cultures qui font maintenant la richesse de l'île n'auraient pas acquis le développement magnifique d'aujourd'hui, car le Javanais, comme beaucoup d'Extrême-orientaux et moins peut être qu'aucun autre, n'éprouve guère le besoin d'améliorer ses conditions d'existence, surtout lorsque l'amélioration ne peut résulter que d'un effort physique un peu soutenu.

La capitale des Indes Hollandaises est *Batavia*. Sous ce nom on désigne l'agglomération qui s'étend sur près de 20 Kms du Nord au Sud et qui comprend Batavia proprement dit, l'ancien centre des opérations de la Cie des Indes, vieille ville d'aspect hollandais aux maisons serrées les unes contre les autres, où les canaux occupent le milieu des rues, où des ponts-levis surgissent à chaque croisement. C'est le centre des affaires, où les bureaux et les magasins sont installés dans d'anciens palais dont les marbres, les sculptures et les dorures attestent encore la splendeur passée. C'est aussi la ville chinoise où grouillent 20 ou 30.000 jaunes et la ville indigène.

Les Européens ont fui Batavia en raison de son insalubrité et résident à Weltvreden, la ville des hôtels, des p incipales administrations. Weltvreden est une autre création du maréchal Daendels qui, ayant reconnu les inconvénients de Batavia, fit édifier à 8 kms de la mer de nouvelles casernes et un palais. Les villas particulières, presque toutes à rez de chaussée en raison des tremblements de terre, sont enfouies dans la verdure. Les rues sont larges et plantées d'arbres. La voie principale longe les bords d'un

Weltvreden. — Un canal.

canal où constamment hommes et femmes se baignent et lavent leur linge.

Comme chaque maison est située au milieu d'un parc, la population s'éparpille sur une éno me étendue, encore accrue par des places publiques d'une superficie invraisemblable, comme Waterlooplein et surtout la Koeningsplein qui est le double du Champ de Mars de Paris : il faut une heure pour en faire le tour.

Abandonné par les Européens, Batavia a été aussi abandonné par la mer et un nouveau port a dû être établi il y a une quarantaine d'années à Tandjonk Priok à une dizaine de kms à l'Est.

Bien que capitale, Batavia n'est pas la ville la plus importante au point de vue commercial : elle n'occupe que le 3e rang après les ports de *Sourabaya* et *Semarang*.

PLAN DU BORO-BOEDOER

Echelle

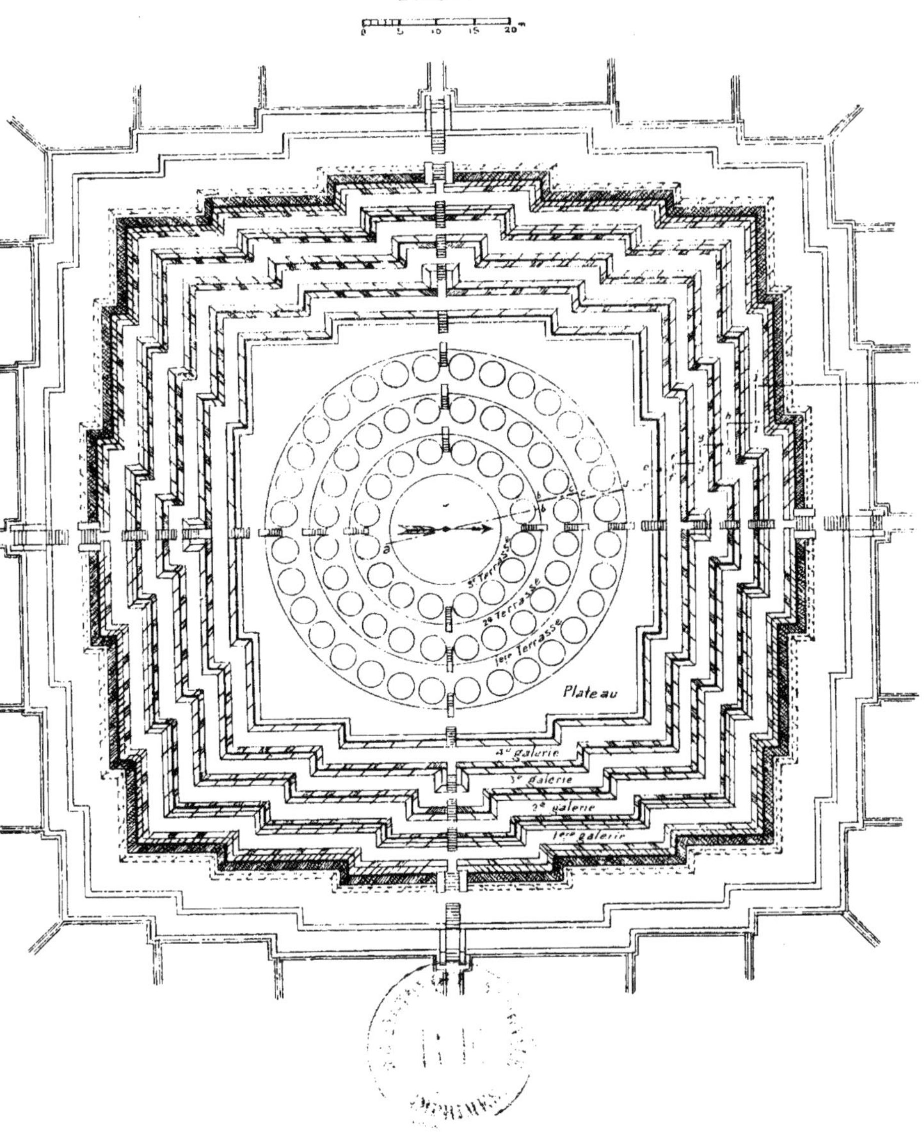

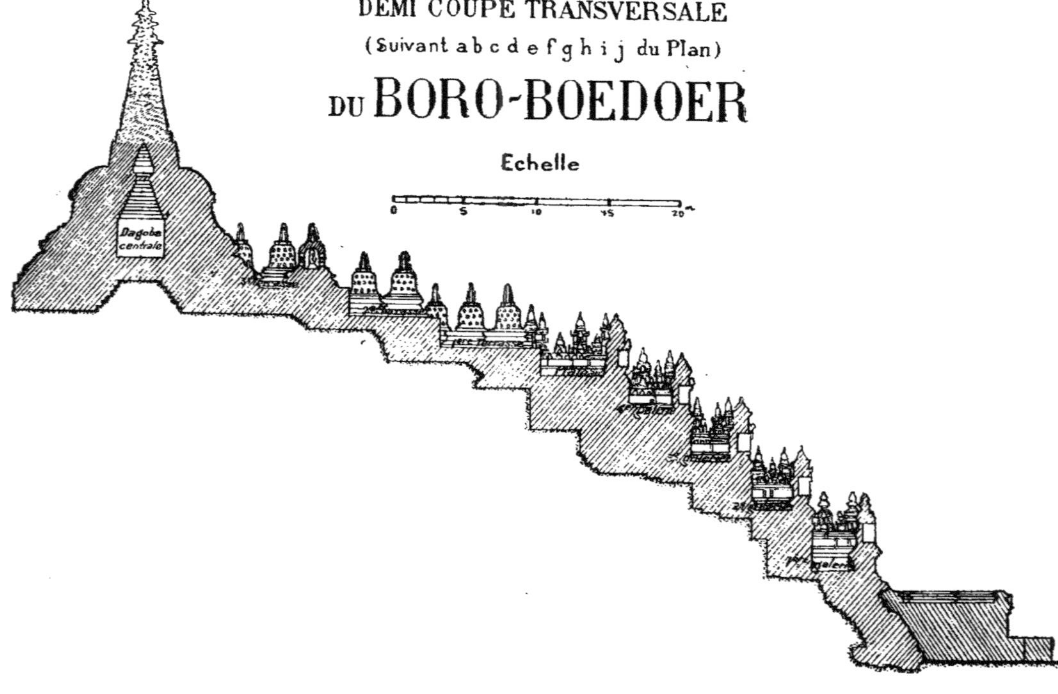
DEMI COUPE TRANSVERSALE
(Suivant a b c d e f g h i j du Plan)
DU BORO-BOEDOER
Echelle
0
5
10
15
20
Dagoba centrale

Il me reste à vous parler des monuments de Java. L'art arabe qui a produit les merveilles du Sud de l'Espagne et du Nord de l'Inde, n'a fourni à Java aucun édifice intéressant ; mais la domination hindoue qui a précédé celle des Arabes a laissé des monuments très remarquables. C'est encore quelque chose de peu connu ici, sauf pour les savants de l'Ecole d'Extrême-Orient et pour ceux qui ont visité l'île. Le nom du Boro Boedoer ou des temples de Prambanan n'éveille en général aucun souvenir intéressant, et pourtant ce sont bien de très remarquables vestiges de l'art hindou des environs du 8e siècle, aussi remarquables, toutes proportions gardées, que les temples du Sud de l'Inde ou que le temple d'Angkor Vat, auquel ils s'apparentent.

Le Boro Boedoer est un monument bouddhique établi au haut d'une colline au Nord de Djokakarta sur une plateforme carrée de 162 mètres de côté. A vrai dire ce n'est pas une construction complète mais plutôt le revêtement du haut de la colline comme le montre la coupe verticale. L'édifice se compose de sept étages ou terrasses en recul les uns par rapport aux autres, dont les 4 inférieures de forme polygonale et les trois supérieures de forme circulaire. Les côtés orientés vers les points cardinaux sont percés au milieu par des portes voutées. joliment sculptées avec appareillage par assise horizontale comme à Angkor Vat. Des gradins mènent de terrasse en terrasse jusqu'au faite de l'édifice, occupé par une dagoba ou coupole terminale.

Des murs supportent chacune des terrasses polygonales ; entre ces murs se développent des galeries de deux mètres de largeur, pavées de dalles

Boro-Boedoer. — Façade Nord-Ouest.

Boro-Boedoer. — Bas reliefs.

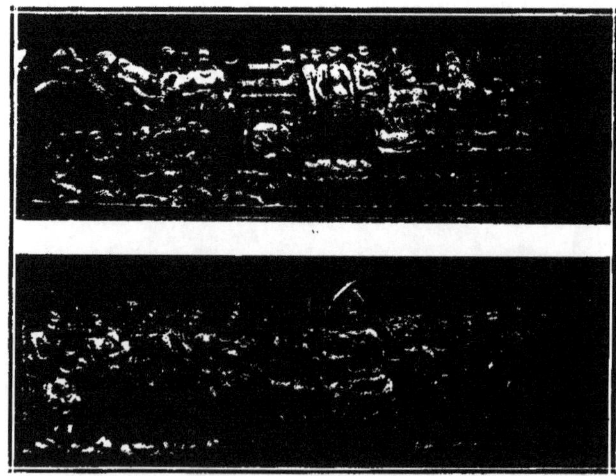

Boro-Boedoer. — Bas reliefs.

plates qui font tout le tour de l'édifice et dont le périmè re diminue naturellement à mesure que l'on s'élève. Les murs sont entièrement décorés de bas reliefs représentant les scènes de la vie du Bouddha ; ces figures, quoique en partie détruites ou détériorées, ont néanmoins assez bien supporté leurs mille ans d'existence et donnent encore une haute idée de l'art sculptural Hindou-javanais. La longueur totale de bas reliefs est de près de 3 kilomètres. Ils sont surmontés par une corniche dans laquelle sont érigées de distance en distance des niches contenant un Bouddha assis sur un trône de lotus et coiffé d'un nimbe. Ces niches sont au nombre de 432.

Les matériaux employés sont des pierres trachytiques d'origine volcanique, très poreuses mais assez dures et résistantes aux intempéries, et d'une couleur malheureusement assez grise et sombre. Les blocs équarris sont posés à sec sans aucun mortier.

Au-dessus des terrasses polygonales s'étagent trois rangées circulaires d'édicules en forme de cloches à parois ajourées du plus curieux effet. A l'intérieur de la moitié environ d'entre eux se trouve un Bouddha. Le tout

Boro-Boedoer. — Statue de Bouddha et cloches de la terrasse supérieure.

converge vers la dagoba centrale, le sanctuaire qui a été ouvert par les Hollandais et où l'on n'a trouvé qu'une statue de Bouddha plus grande mais seulement ébauchée et à demi ensevelie sous les décombres de la dagoba dont la partie supérieure a été détruite par les tremblements de terre.

L'ensemble est assez lourd, un peu écrasé et d'une tonalité trop grise mais d'une unité remarquable de conception et d'exécution, qui témoigne des moyens d'action que pouvaient, à l'époque, posséder sur la population les maîtres du pays.

Il est de pure conception bouddhique : on trouve bien dans les bas reliefs quelques personnages de la mythologie hindoue appartenant à d'autres religions, mais ils y apparaissent uniquement parce qu'ils sont en rapport avec la légende du Bouddha.

Le Boro Boedoer est d'ailleurs, avec un temple situé à quelques kilomètres, le Tjandi Mendoet, le seul monument purement bouddhique qui subsiste à Java. Partout ailleurs c'est le culte de Brahma qui semble avoir été en honneur et qui a inspiré les autres monuments dont subsistent les ruines plus ou moins bien conservées et dont les plus beaux sont ceux de Prambanan entre Djokjakarta et Soerakarta.

Les temples de Prambanan avaient disparu au cours des siècles sous une épaisse végétation et sous une couche de terre et de sables volcaniques ; ils n'ont été découverts qu'il y a un peu plus d'un siècle et leur dégagement n'a été entrepris que depuis une quarantaine d'années.

Prambanan. — Détail de sculpture du temple de Shiva.

Ces temples forment un groupe de six grand sanctuaires érigés sur une terrasse carrée, autour de laquelle 160 petits temples, dont le quart sont encore débout, forment 3 rangées successives disposées en carré. Ces édicules ont en grande partie disparu par suite de tremblements de terre,

Prambanan. — Temple de Wishnu.

de l'action de la végétation, et surtout du vandalisme des hommes qui en ont utilisé les matériaux à la construction de maisons, de ponts, et même au pavage des routes.

Les 3 principaux temples contiennent encore les statues des dieux de la trinité hindoue, Siva, Brahma et Vishnou. Le temple de Siva est enrichi de 3 chapelles latérales contenant la station de Dourga, femme de Siva, de Ganesh, fils de Siva, le dieu éléphant, et de Gourou ou Siva ermite.

Si les temples du Mendoet et du Boro Boedoer sont purement bouddhique, ceux de Prambanan ne sont pas par contre purement brahmanique, car on y trouve, à côté des images de Siva et Brahma, maints symboles bouddhiques, on a même été jusqu'à soutenir que ces monuments, quoique voués à Siva, étaient en réalité des temples bouddhiques élevés sur les tombes de bouddhistes.

La région orientale de Java renferme de nombreuses ruines hindoues : Malang, Singosari et près de Blatar, sur les flancs du volcan Keloet, les temples de Panabaran dont le principal vient d'être remarquablement restauré par le service archéologique des Indes Neerlandaises. Une stèle

Temple de Panabaran (Restauré).

trouvée sur place établit que Panabaran fut fondé en l'année 1197 de notre ère.

J'ai terminé. Il me reste à vous souhaiter de faire un jour la connaissance de Java : je suis certain que vous en conserverez un souvenir inoubliable.

A. Normandin,
Ingénieur en chef des Travaux Publics.

HANOI — IMPRIMERIE D'EXTRÊME-ORIENT

www.ingramcontent.com/pod-product-compliance
Ingram Content Group UK Ltd.
Pitfield, Milton Keynes, MK11 3LW, UK
UKHW020230180726
13838UKWH00005B/2292

9 782329 321882